AF258594

VINCENT

OU

LE PRISONNIER.

DE L'IMPRIMERIE DE Fr. MISTRAL.

Adieu, prends courage, encore deux printems & tu seras délivré de mes honnêtetés.

VINCENT

OU

LE PRISONNIER

PLUS MALHEUREUX

QUE COUPABLE.

Sur tous les cœurs bien nés le malheur
a des droits.

LYON,

Chez M. PERRIN, Editeur, Aumônier des prisons
de Roanne, rue Trois-Carreaux, N° 103;

Et chez les principaux Libraires.

1813.

LISTE

DES PREMIERS SOUSCRIPTEURS.

BONDY (mad. la Comtesse de).
Alibert.
Bonnevie.
Bonnevent.
Baudet.
Belingard.
Berrucaud.
Cabarat.
Carre.
Champagny (de).
Commarmond.
Coste.
Courbon.
Crézieux (de).
Debrecy.
Deschamps (mad.).
Dugache , fils.
Dumont.
Duport.
Eustache.
Eynard.
Favier.

Forêt.
Fournereau.
Gabet.
Gillet (mad. .
Glaudin.
Gobert.
Groboz.
Guibert.
Laurencin (de).
Lafay.
Limas (de).
Msyet.
Maréchal.
Mathevot-Rivail.
Mazard.
Merlin (mad.).
Messimily.
Meunier.
Milanais.
Moireau.
Montchanin.
Monier.
Narc-Ja.

Neyras.
Novet.
Oléon.
Pastre.
Pesselier.
Pessoneau.
Peyret.
Picard.
Pichat.
Pitre.
Polignac (de).
Pusignan (de).
Rapoux.
Regnard.
Renard.
Renaud.
Renault.
Rully (de).
Saint-Clair (mad. la
Baronne de).
Serre.
Tacussian (mad. veu-
ve).
Teillard.
Terras (de).
Terret.
Thibaut.
Thomas.
Une inconnue.
Valois.
Vincent (mad. la Com-
tesse de).

PRÉFACE.

Le malheur a ses droits, ils sont écrits dans tous les cœurs généreux et sensibles : c'est à ceux que la nature a doués des qualités heureuses qui honorent l'existence, que je m'adresse. Je vais présenter les traits les plus saillans de la vie d'un Prisonnier plus infortuné que coupable. Puissent-ils être accueillis avec l'indulgence que réclame le malheur! Cet infortuné est mort pour la société; il n'espère plus s'y représenter, qu'on ne reconnaisse la sévérité avec laquelle il a été jugé. Sa faute n'a point eu, d'après les circonstances, la forme d'un crime. Que l'on se pénètre de sa position, que l'on envisage sa modération, avant qu'une violente aggression le forçât à punir; il fallait choisir *meurs* ou *tue*. Le destin l'aurait-il favorisé un moment, pour le faire repentir toute sa vie de son imprudence? Il reconnaît ses torts. Ses remords, ses afflictions pourront-ils les faire oublier? C'est l'espoir qu'il aime à nourrir dans son cœur. Puisse cet exposé fidèle, mais aiblement tracé, contribuer à réaliser ses espérances !

Si ce récit véritable offre de ces traits qui caractérisent un roman, et que sous ce rapport on désire connaître le dénouement ; je le promets au lecteur, si des jours plus heureux font oublier à Vincent ses malheurs. Mais si son automne est aussi orageuse que son printemps, je n'offrirai point un nouveau tableau des disgraces dont il pourrait encore être la victime. Je sais qu'on n'aime point à s'appesantir sur des idées sombres ; ma plume est encore trop peu exercée pour commander la sensibilité : je craindrais qu'on ne se mît à rire d'un moraliste de vingt-quatre ans ; mais si l'on blâme mon esprit , je ne crains pas qu'on accuse mon intention. Sans connaître Vincent, et sans être connu de lui, ses chagrins m'ont intéressé ; et la sensation qu'ils ont faite sur moi, m'a porté à croire qu'ils feront sur bien d'autres la même impression. Cette espérance seule m'a engagé à publier cet écrit sous le voile de l'anonyme. Puisse-t-il atteindre son but, et procurer quelques douceurs au malheureux qui en est l'objet! C'est un appel que je fais à la bienfaisance des Lyonnais : ils ont trop d'humanité, pour ne pas y répondre.

ÉPITRE DÉDICATOIRE

A M.ᴿ LEFORTIER,

DÉFENSEUR DE VINCENT,

Dans ses faibles essais, ma plume encor timide,
N'ira point d'un grand nom se mettre sous l'égide ;
Je les offre avec joie au mortel bienfaisant,
Qui se montra toujours l'appui de l'innocent.
Je n'en fais point hommage au faste, à l'opulence,
Mais à l'humble mérite, à la noble indigence,
Qui du sort sans murmure, éprouvant la rigueur,
Sait oublier ses maux, en servant le malheur.
Le plaisir d'obliger est la seule couronne
Que ton cœur généreux souhaite, ambitionne ;
Et l'estime et l'amour de tes concitoyens
Furent toujours pour toi les plus précieux biens :

Ils te consoleront des disgraces amères

Dont veulent t'accabler tes amis, tes confrères. (1)

De toi leur corps altier devrait s'enorgueillir.

Par un oubli coupable ont-ils cru t'avilir ?

Cesse de t'affliger de leur indifférence.;

Leurs injustes arrêts ne sont point une offense.

Souviens-toi que Caton, ce vertueux Romain,

D'un sénat corrompu mérita le dédain.

Comme lui, tu te vois, par un noir artifice,

Dans l'hiver de tes ans en proie à l'injustice ;

Mais si ton ordre veut, par orgueil, t'outrager,

L'opinion publique est là pour te venger.

Toujours de tes devoirs tu connus la noblesse,

Tu servis l'opprimé jusque dans ta vieillesse,

Tu sus calmer ses maux, tu sus briser ses fers :

Tes bienfaits te loueront beaucoup mieux que mes

vers.

---

(1) M. Lefortier n'a pas été compris sur le nouveau tableau de l'ordre des avocats.

VINCENT

OU

LE PRISONNIER

PLUS MALHEUREUX QUE COUPABLE.

Il ne suffit pas d'être honnête, bon et vertueux pour être parfaitement heureux ; « et la fortune » qui traverse tout, respecte peu » les cœurs sensibles, quand elle » veut produire d'étranges aven- » tures. »

L'infortuné Vincent, né à Arles, de parens obscurs qui cultivèrent par l'éducation ses premières années , se trouvait, par l'effet de la révolution, à l'âge de vingt ans, l'unique soutien d'un père accablé sous le poids de la vieillesse, et d'une mère paralytique.

La guerre qui éclata à l'époque funeste où cette famille fut privée de la plus grande partie de sa fortune, l'appela dans les rangs des défenseurs de la patrie. Il était sur le point d'enchaîner sa destinée à celle de Louise, jeune fille de son hameau, dont l'heureuse aisance surpassait ses prétentions, et qui avait les graces et la beauté en partage. Il part et laisse les auteurs de ses jours sans moyens d'existence ; il les recommande à Louise en se séparant d'elle , et en lui jurant pour la vie amour et reconnaissance. La gloire, lui dit-il, sèra ta seule rivale.

Incorporé dans la 99.ᵉ demi-brigade d'infanterie de ligne , il se montra bientôt digne de combattre sous les drapeaux de ce valeureux régiment, commandé par le colonel Laffond. Il fit les campagnes d'Italie, se trouva à la bataille de Tortone , au siége de Mantoue, à la prise de Milan, et fut toujours un des braves qui marchèrent de victoire en victoire, sous les ordres de l'invincible Massena.

Nos succès nous avaient assuré la conquête de cette vaste contrée ; mais l'inexpérience d'un autre général en chef vint changer nos lauriers en cyprès. Sous Scherer, nos armées victorieuses furent forcées, dans les plaines de Vérone, de battre en retraite : ce funeste revers entraîna beaucoup de désertions. Plusieurs compagnons d'armes de Vincent, se croyant déshonorés par cette défaite, et ne consultant que leur désespoir, abandonnèrent leur chef, et perdirent ainsi le fruit de plusieurs années de combat.

La consternation avait gagné les cœurs des soldats les plus intrépides.

Vincent vit avec le plus grand éton-
nement, le brave Dauripe, son intime ami, prendre la résolution de
quitter sa compagnie de grenadiers.
Ce militaire, qu'il croyait à toute
épreuve, vint au bivouac lui pro-
poser de fuir avec lui. Vincent,
lui dit-il, nous sommes trahis. Je
suis décidé à partir , non pour
quitter l'armée, comme un lâche,
mais pour entrer dans un autre
corps; et si tu m'en crois, tu me
suivras. — Non, mon ami, nous
devons rester au poste que l'honneur nous ordonne de défendre ;
je me croirais coupable de l'aban-
donner. — Je te laisse dans tes

beaux sentimens : quant à moi, je ne peux supporter plus long-temps la honte d'être vaincu, après avoir tout fait pour vaincre ; et je te promets bien que demain on ne me verra pas à l'appel; non, jamais je ne brûlerai une amorce dans ce maudit régiment.—Comment, Dauripe, depuis si long-temps que nous servons ensemble, et que nous partageons les mêmes dangers, tu voudrais me quitter? D'ailleurs, vois à quoi tu t'exposes.... Réfléchis...

— J'ai assez réfléchi ; je sais que je pourrai m'en repentir; mais rien, rien ne peut me faire changer; et pour te le prouver, je te dis adieu.

Ni la crainte, ni l'amitié qu'il avait pour Vincent, ne purent le faire revenir d'une résolution qu'il avait irrévocablement prise. Il partit brusquement, et ne reparut plus dans son régiment. Son absence causa un vif chagrin à Vincent, qui depuis ne connut plus que des jours filés par l'amertume ; car la douce sympathie de leur caractère avait établi entr'eux l'amitié la plus intime.

Les affaires sanglantes qui se succédèrent, laissèrent parmi les officiers des vides qu'il fallait remplir. Vincent, par sa bravoure et sa bonne conduite, avait des droits à une promotion ; mais la partialité le priva du grade que méritaient ses services et son courage. Il se vit préférer des hommes qui n'avaient, pour toute recommandation, qu'une basse adulation envers quelques-uns de leurs chefs. Cette injustice l'aigrit, et lui suggéra la fatale idée de passer dans le régiment où il apprit que son ami Dauripe s'était rendu. Ce régiment, après avoir éprouvé plusieurs échecs, venait d'être envoyé à Dijon pour se compléter.

Vincent se met en route, traverse toute l'Italie depuis Vérone jusqu'au Mont-Cénis ; il ne marchait que de nuit pour se soustraire aux dangers

de l'arrestation. Il souffrit , pendant ce long et pénible voyage ,
tous les maux inséparables d'une
marche fugitive.

Au passage du Mont-Cénis , il
fut surpris par une patrouille qui,
sur le refus qu'il fit de se rendre,
dirigea sur lui plusieurs coups de
fusil , dont un le blessa légère-
ment au bras. Cette blessure fut
plus sensible au cœur de Vincent,
que ne l'avaient été les blessures
dont les honorables cicatrices attes-
taient sa valeur dans les combats.
Il rappela toutes ses forces, franchit
des ravins où, ceux qui le pour-
suivaient , n'osèrent se précipiter

après lui, et resta caché pendant six heures sous la voûte de la descente de la Novalèse. Il tenta de nouveau le passage de la montagne, qui lui réussit heureusement (1).

Lorsqu'il fut sur le sol de son pays où ses craintes auraient dû s'affaiblir, il fut obligé, par l'inflexible rigueur du sort qui le poursuivait, de redoubler de précautions. Enfin, après plusieurs jours d'une marche forcée dans des chemins peu fréquentés, il se trouva aux portes de Lyon. Il se rappela qu'au faubourg de Vaise

______

(1) Deux traits remarquables de la vie du Prisonnier, qui trouvent leur place à la suite de ces évènemens, n'ayant été connus qu'au moment de l'impression, on n'a pu les insérer. *Note de l'Auteur.*

habitait madame Bl*** tante de Louise, qu'il avait eu l'occasion de voir souvent avant d'entrer au service. Il s'informa de son domicile, et après l'avoir découvert, non sans peine, tout près de la Pyramide, il s'y rendit, se fit connaître, et reçut de cette femme généreuse tous les secours que le malheur a le droit d'attendre d'une âme hospitalière et sensible.

Pendant les huit jours qu'il resta auprès d'elle, il apprit sur ses parens et sur Louise des détails qui aggravèrent encore sa malheureuse position. Elle répondit aux questions qu'il lui fit sur Louise, que cette fille vertueuse avait résisté aux sollicitations réitérées d'un riche et beau jeune homme, pour lui rester fidèle. Elle ajouta que, pendant une longue maladie de la mère de Vincent, Louise lui avait prodigué les soins les plus tendres et les plus assidus ; mais que tout son dévouement..... A ces mots, madame Bl*** interrompit son récit, troublée par la pâleur qu'elle vit se répandre sur la figure du jeune homme. — Ah! s'écria-t-il avec l'accent de la douleur la plus vive, vous m'en avez assez dit, je n'ai plus de mère!... — Il serait inutile de vouloir vous le laisser ignorer plus

long-temps ; oui, mon ami, votre
mère n'existe plus ; mais il vous
reste encore un père respectable et
une amie qui partagera votre douleur, une amie dont la constance
allégera le poids de vos chagrins.

Ces évènemens inattendus déter-
minèrent Vincent à s'écarter de la
route qu'il s'était tracée, pour aller
verser dans le sein d'un père les
consolations de la piété filiale, et
témoigner à Louise sa vive reconnaissance. Après avoir remercié
madame Bl*** de l'intérêt qu'elle
avait pris à son sort, et de l'accueil
généreux qu'il en avait reçu, il
prit congé d'elle , en l'assurant

qu'elle vivrait éternellement dans son souvenir.

L'impatience qu'il avait d'arriver aux lieux qui l'avaient vu naître, ne lui permit pas d'attendre l'obscurité favorable de la chute du jour, pour tromper la vigilance des agens de la force armée, qui surveillent ceux qui voyagent sans autorisation légitime; et il ne fut pas plutôt sur le Pont de Pierre, qu'un funeste hasard voulut qu'il y fût arrêté. Sur la déclaration qu'il fit d'appartenir à un corps, il fut conduit à la prison des Récluses.

Dans des circonstances ordinaires, une arrestation frappe toujours

vivement celui qui en est l'objet.
Mais qu'on se pénètre bien de la
position de Vincent, et l'on pourra
alors se représenter toute son agitation et son désespoir. Sur le point
de revoir un seul instant un père
dont il est l'unique appui , et de
retrouver tout ce qu'il aime, il voit
s'anéantir toutes ses espérances ,
et se trouve exposé aux soupçons
injustes d'une lâche désertion ,
dont il n'envisage les suites qu'en
frémissant.

Pendant que Vincent gémissait
dans les fers , Louise , sa fidèle
Louise, était excédée des assiduités
importunes d'un jeune sous-officier

du 104.ème régiment d'infanterie de ligne, qui joignait, à une figure agréable, l'avantage, souvent irrésistible, d'être fort riche. Il était venu dans le hameau de Louise passer un semestre, chez un oncle célibataire qui lui assurait toute sa fortune qui était considérable. Il vit Louise, s'enflamma pour elle; et quand il eut appris que ses vertus lui méritaient l'estime de tous les gens de bien, il en devint éperdûment amoureux.

Suivant le système des jeunes avantageux d'aujourd'hui , qui croient que tout doit céder aux qualités aimables qu'ils s'imaginent seuls posséder; il se présenta avec assurance, fit sa déclaration d'un ton assez leste, et demanda la main de Louise, en faisant impru-demment valoir les avantages que la fortune lui réservait. Cette dé-marche aurait suffi pour lui aliéner le cœur de celle qu'il croyait aisé-ment subjuguer; mais un sentiment plus fort fit rejeter sans espoir ses propositions. Louise aimait Vin-cent.... Elle avait déjà sacrifié, à la constance de ses sentimens, plu-sieurs partis avantageux.

Crepe (c'était le nom du nouveau prétendant) ne pouvait compren-dre comment une jeune villageoise résistait aux puissans moyens qu'il avait employés, pour lui apprendre qu'il *avait du goût pour elle.* Il trouvait extraordinaire, qu'accoutumé à courir de conquête en conquête, il ne triomphât pas à la première entrevue. La résistance d'une femme vertueuse troubla l'idée qu'il avait toujours eue de ne point trouver de cruelles, et d'emporter tous les cœurs d'assaut, par les avantages de sa personne. Il s'irritait en pensant qu'on lui préférait un amant obscur et sans fortune, et qui était absent depuis long-temps. Plus cette fidélité lui paraissait rare, plus son dépit le rendait passionné.

Après que ses recherches lui eurent appris que c'était Vincent qui avait su captiver l'attachement de celle qu'il adorait, et dont il regardait l'invariable constance comme un prodige, l'espoir revint dans son cœur : son rival, selon lui, dénué de tous les agrémens qui font impression sur le cœur des femmes, ne lui parut plus dangereux, et il attribua le premier refus de Louise à une ruse d'amour. Sa présomption lui fit croire qu'elle avait voulu se faire valoir, pour rendre sa possession plus précieuse à ses yeux. Mais il pensa, qu'après avoir fait le parallèle de ses deux

amans, elle lui donnerait infailli-
blement la préférence. Hélas! il
oubliait que Louise n'était point
au fait de toutes ces petites ruses
dictées ordinairement par la co-
quetterie de son sexe; que sa dou-
ceur, sa simplicité et sa franchise
la mettaient à l'abri d'être soup-
çonnée d'avoir assez d'art, pour
feindre un sentiment qu'elle n'é-
prouvait pas. Il fut donc trompé
dans son attente; car une nouvelle
tentative auprès d'elle, ne lui valut
qu'un nouveau refus; et il apprit
avec chagrin, de la bouche de celle
qu'il recherchait avec tant d'em-
pressement, que Vincent possédait

son cœur sans partage , et que la mort seule pouvait rompre les liens qui les unissaient.

Crepe se retire honteux de son peu de succès, et, dissimulant adroitement la haine qu'il portait à son rival, il dit à Louise en la quittant, qu'il avait trop d'estime et trop de tendresse pour elle pour troubler à l'avenir, par d'importunes prétentions , le bonheur qu'elle attendait d'une union qui était le choix de son cœur; que pour lui, en perdant l'espérance de lui plaire, il n'espérait plus de jours heureux.

Rentré chez lui, la fureur de la jalousie lui inspira mille projets plus violens les uns que les autres. Enfin, dit-il, puisque la mort seule peut rompre les liens qui l'unissent à son amant,... il périra, ou je succomberai sous ses coups.... Dans l'excès de cette frénésie, il partit pour aller chercher Vincent, et le provoquer, sans prévenir personne d'une résolution conçue dans la rage d'une passion malheuréuse.

En quittant le lieu où se trouvait celle qui causait son tourment, le calme aurait dû rentrer dans son âme, ou du moins l'absence aurait dû modérer ses transports. Mais non : la haine qui l'animait avait déjà jeté de si profondes racines dans son cœur, que l'éloignement ne fit qu'accroître la force de la passion qui l'aveuglait et le tyrannisait.

Ce fut dans cet état d'agitation qu'il arriva à Lyon. Sa marche avait été si rapide, que l'épuisement où elle l'avait jeté, le força à s'y reposer. Son air inquiet, sa démarche incertaine, son langage sans ordre, ses manières brusques et tranchantes, le rendirent suspect à la police. Deux agens qui l'observèrent, l'arrêtèrent aussitôt, et le traduisirent à l'Hôtel-de-Ville, où, sans autre forme de procès, ils le firent coucher à *la*

3..

Cave, prison provisoire. Le lendemain on examina ses papiers, qu'on ne trouva pas parfaitement en règle; et en attendant de nouveaux renseignemens qu'il promit de donner, on le fit transférer aux prisons militaires des Récluses, où se trouvait détenu Vincent.

Ainsi le sort se joue des hommes et des choses, et se plaît à des rapprochemens qu'on aurait crus impossibles. Voilà Crepe sous le même toit que celui qu'il voulait aller chercher si loin; deux rivaux qui, s'ils se connaissaient, s'armeraient l'un contre l'autre d'un fer homicide, vont coucher sur le même grabat, et déplorer réciproquement leurs maux.

Crepe, contrarié dans sa marche, ne put suivre sa téméraire résolution. Voyant que son air farouche lui avait été si funeste, il sut, dès ce moment, cacher sous les formes extérieures d'une tranquillité absolue, l'inquiétude qui le dévorait : il parut se résigner gaîment. En arrivant au lieu de sa détention, en joyeux prisonnier, il paya avec plaisir, à ses compagnons, la *bonne venue.* Il réunit à cet effet toute sa chambrée. Vincent, comme les autres, se trouva du banquet.

Dans l'enjouement bachique, où avec épanchement chaque prisonnier racontait les causes de sa réclusion ; les détenus demandèrent à Crepe quel était l'heureux hasard qui leur procurait l'avantage d'avoir à leur table un aussi joyeux convive ? — Je n'ai cependant pas lieu d'être bien gai, leur dit Crepe, car je suis furieusement contrarié de vous voir ; mais enfin il faut se faire à tout, et comme dit le proverbe : *le beau temps vient après la pluie, et le plaisir après la peine.* Ainsi, en trinquant avec vous, je prends patience ; car je compte ne vous faire qu'une visite de *bienséance.* J'agis dans l'adversité comme dans le bonheur ; et depuis qu'il a fui loin de moi, je vis sans m'inquiéter si ma position sera plus affreuse demain qu'aujourd'hui ; et je sens que je serai toujours content, tant que j'aurai bon appétit, joie et santé. Mais bientôt ne pouvant plus se déguiser, il ajouta : j'allais exercer une vengeance sur un être qui concourt à empoisonner mon existence, lorsque, pour le bonheur de ses jours, j'ai été arrêté et traduit dans cette prison, comme suspect de désertion. Mais cette petite correction faite à mon étourderie, ne m'a pas

rendu plus sage ; elle n'a que re-
tardé l'effet de mon ressentiment.
Buvons , amis , *à la mort* de celui
qui cause tout mon désespoir.

Vincent , trouvant cette apos-
trophe trop cruelle , s'écrie, sans
en connaître l'objet : je bois à la
santé de tout le monde, mais jamais à la mort de personne. Il est
vrai , reprirent les autres prisonniers , que cette rasade nous a paru
moins bonne , que lorsque nous
buvons à la santé de quelqu'un
que nous aimons ; ainsi pour retrouver la vertu naturelle du vin ,
camarade , (s'adressant à Crepe)
nous buvons à la tienne. — Je

vous remercie ; cette santé est d'un heureux augure pour l'accomplissement de mon entreprise hardie, et me donne l'assurance que j'anéantirai celui que j'ai pour rival. Non, il ne peut m'échapper !... Je connais son régiment. — Tous vos tourmens viennent donc d'un rival : et ce rival est un militaire? Vous êtes à deux de jeu. — Oui, un simple soldat est le premier auteur de tous les désagrémens que j'éprouve. J'aimais une femme charmante; il l'aimait aussi. Je désirais l'épouser ; il formait les mêmes vœux. La différence était qu'elle le préférait à moi, et qu'elle a

rejeté mes propositions. Elle a l'espoir de le revoir ; lui sans doute
espère aussi jouir de son triomphe.
Mais puisque je ne peux être heureux tant qu'il vivra , je veux aller
le provoquer, lui arracher la vie ,
ou mourir de sa main. Voilà, en
peu de mots, mon histoire, et la
cause de la haine que je porte à
ce rival si redoutable. Son régiment
qui est en Italie, a essuyé de gran-
des pertes ; puisse-t-il se trouver du
nombre de ceux qui ont péri dans
les combats ! ce sera pour moi une
peine de moins.

Je suis parti, il y a quatre jours,
d'Arles. Sans l'évènement qui me

conduit parmi vous, je serai déjà en présence de mon ennemi.

Vincent, jusque-là indifférent au récit de Crepe, éprouva une émotion vive et subite en entendant prononcer le nom de son pays, et en voyant quelqu'un qui en venait; son premier mouvement fut d'interrompre la narration de Crepe, pour lui demander s'il avait séjourné long-temps à Arles. — Trop, pour mon malheur! car c'est là que j'ai connu celle dont les rigueurs font le tourment de ma vie. — Pardon, si je vous interromps; je suis de ce pays, que je n'ai pas vu depuis long-temps, j'y ai laissé des personnes qui me sont bien chères, puisque toute ma famille y réside. J'ai appris tout récemment que je viens d'y perdre ma mère ; il me reste encore un père presque octogénaire, et une généreuse amie qui veille sur ses vieux jours. Le nom de mon père est Vincent ; l'auriez-vous connu ? — A ces mots, Crepe se lève, ne doutant plus que celui qui lui parlait ne fût son rival, et s'écrie : le ciel m'a favorisé au-delà de mes vœux ! Je n'irai pas si loin que je le croyais, pour satisfaire ma vengeance ; c'est toi que je cherche. — Vincent, à ce mouvement impétueux d'une aggression inattendue, crut celui qui en était l'auteur atteint d'une aliénation d'esprit, et ne répondit rien. — Crepe alors, affectant un calme qui était bien loin de son cœur, lui dit d'un ton sérieux, qu'il lui demandait un moment d'entretien après le dîner. — Après le dîner; non, répondit Vincent; mais demain, volontiers, je serai tout à vous. — C'est prudent, dirent les convives, qui crurent que l'excès des dons de Bacchus avait pu seul amener cette provocation, dont les suites leur paraissaient devoir être funestes, dans un moment d'effervescence. — Crepe sentit ce que cela voulait dire. Eh bien! à demain; soit, n'en parlons plus. Il sut se maîtriser assez pour continuer à se livrer aux élans de la gaîté qu'il affectait. La conversation roula alors sur d'autres objets, jusqu'au moment où le besoin du repos les força à se séparer.

Le lendemain, aux premiers rayons du jour, Crepe, à qui son agitation n'avait pas permis de fermer les yeux, se leva, et impatient d'exécuter son coupable dessein, s'approche du lit de Vincent qui dormait encore d'un sommeil paisible, le réveilla, et lui demanda s'il se rappele ce qu'il lui avait promis la veille. — Vincent lui dit naïvement , que puisqu'il était encore obstiné , il était prêt à lui donner satisfaction, s'il l'exigeait, ne l'eût-il même provoqué que par caprice. — Mes motifs ne tiennent point du caprice, répondit Crepe; c'est toi qui es un obstacle à mon amour avec celle qui m'est chère ; c'est toi que j'allais chercher en Italie ; c'est toi enfin que Louise me préfère ; te voilà éclairé : que le sort des armes décide maintenant, qui de nous deux doit obtenir sa main. — Ce pourrait-il que tu fusses le téméraire qui a cherché à m'enlever celle que j'aime !

que tu fusses celui qui l'as excédée
de mille importunes assiduités! Ton
appel n'essuiera point de refus. Ta
provocation me laisserait le choix
des armes; mais je suis trop généreux pour abuser de ce droit. Tu
peux déterminer le genre de combat que tu jugeras le plus favorable pour me vaincre. — J'accepte
cet avantage, je ne veux te laisser
aucun moyen de m'échapper. Je
vais, dans un instant, connaître si
tu es fidèle à ta parole et aux lois de
l'honneur.—Dans un instant; mais
tu ne réflechis pas que nous sommes
en prison. — Les peureux ont toujours mille prétextes pour excuser

leur lâcheté. — Tu n'as pas besoin
de recourir à l'insulte pour satisfaire ta rage, et m'engager à la re_
pousser. Que prétends-tu faire? je
suis prêt à y souscrire aveuglément.
— Eh bien! je suis content de toi.
— C'est fort heureux. — Oui, cer-
tainement, et voilà les armes que
je te propose. Crepe, à l'instant,
tire de sa poche deux couteaux
dont la lame était affilée et tran-
chante. — Me prends-tu pour un
assassin? répond Vincent en recu-
lant saisi d'horreur. — Ecoute-
moi : il ne s'agit point ici d'assassinat ; en plaçant ces couteaux au
bout de deux bâtons bien égaux,

nous en ferons des armes ordinaires.
Ainsi, voilà l'espèce d'arme que je
te propose; tu m'as laissé maître du
choix, il est fait. Pourvu que je puisse
t'arracher la vie, tout m'est bon. —
Ne crois pas, jeune présomptueux,
m'intimider par tes menaces et tes
fanfaronades. Tes propositions dé-
loyales ne font aucune impression
sur moi. — Ce soufflet te fait-il
impression? dit Crepe en frappant
indignement Vincent. — Malheureux! c'est trop abuser de ma géné-
rosité et de ma patience; puisque
tu me forces à te punir, tremble
pour tes jours! J'accepte ton défi.—
Tu fais bien; car j'allais récidiver.

A l'instant, ils se rendent dans un corridor écarté, se mettent tous deux en état de défense. Crepe aussitôt porte différens coups qui ne font qu'effleurer le corps de son adversaire qui, habile dans l'escrime, rendait inutiles les coups de son rival , dont l'aveugle fureur causa la perte...... Il vint lui-même chercher la mort sur le fer de Vincent, qui ne se tenait encore que sur la défensive.

Ce dernier n'eut pas plutôt vu succomber son ennemi, qu'il déplora sa perte et frémit des suites de cet horrible évènement. Ses sanglots et ses cris appelèrent les prisonniers au lieu de la scène ; ils virent un de leurs camarades expirant sous un coup mortel, et connurent la cause du désespoir de Vincent. Ils se hâtèrent de porter des secours au blessé ; mais ils furent inutiles. Le mourant s'efforça de prononcer encore quelques mots mal articulés. Dans la rage qui le suivit jusqu'au tombeau, il dit qu'il venait d'être assassiné, pour faire essuyer, même après sa mort, à Vincent, les funestes effets de son injuste haine.

Les circonstances d'un duel sans témoins, et la déclaration mensongère de la victime, pouvaient donner le caractère d'un assassinat à ce délit. Mais la plupart des prisonniers, connaissant le véritable motif qui avait amené cette sanglante catastrophe, plaignaient Vincent, bien loin de l'accuser : et lorsque l'autorité locale vint pour faire son rapport, ils dédaignèrent de répéter les dernières paroles de Crepe. Un seul, un seul prisonnier fut assez méchant pour les rappeler. Le génie du mal dicta cette odieuse déclaration, qui ne tendait qu'à mettre sous le glaive de la justice l'infortuné Vincent plus imprudent que coupable.

On instruit l'affaire ; elle est

bientôt portée devant la cour criminelle. Les débats sont ouverts:
on interroge Vincent qui répond,
avec calme, aux questions qui lui
sont adressées. Plein de confiance
dans l'intégrité de ses juges, il
espère qu'ils voudront bien entrer
dans sa pénible situation; il leur
fait le récit fidèle de ses malheurs.
Un grand nombre de prisonniers
rendent justice à la vérité de ses
réponses. Le seul détenu, qui avait
déposé avoir entendu prononcer à
Crepe le mot d'assassinat, répète sa
déclaration. Cette déposition fit
une impression assez funeste dans
l'ame des jurés, pour leur inspirer

non - seulement la présomption, mais encore l'intime conviction que Vincent était coupable du crime dont il était prévenu. L'uniformité de plusieurs témoignages en faveur de l'accusé ne purent pas détruire les effets malheureux qu'avait causés la déposition d'un seul.

Vainement le défenseur de Vincent employa tout le zèle que lui inspirait le triste état du prévenu; vainement il fit ressortir, avec force, les preuves évidentes d'une aggression préméditée; vainement il voulut faire passer, dans l'esprit des jurés, la conviction de la justice de sa cause; conviction qui le faisait

agir avec un noble désintéresse-
ment. Ce généreux défenseur ne fut
récompensé ni par le succès, ni par
les moyens pécuniaires de l'accusé
qui était dans une affreuse indigence. La satisfaction d'avoir obligé
un infortuné, fut un tribut bien
doux pour son cœur, seul tribut que
la nature a rendu inappréciable.

L'arrêt qui le condamne est
prononcé avec toute la rigueur des
lois; aucune des circonstances qui
pouvaient atténuer le délit, ne fut
prise en considération.

Voici les termes infamans de la
sentence, dont les terribles effets
pèsent encore sur lui :

« D'après la déclaration des jurés
» de jugement donnée à l'unanimité,
» en conformité de l'article 33 de
» la loi du 19 fructidor an 5,
» portant :

» 1.º Qu'il est constant que le
» sept vendémiaire an dix, le
» nommé Honoré-Joseph Crepe a
» été frappé d'un coup de cou-
» teau ;

» 2.º Qu'il est constant que le
» nommé Crepe est décédé quel-
» ques minutes après, de ce coup
» de couteau ;

» 3.º Que le nommé Jacques
» Vincent est convaincu d'avoir
» donné le coup de couteau ;

5.

» 4.º Qu'il n'est pas constant
» qu'il ait agi avec préméditation;

» 5.º Qu'il est constant qu'il a
» donné le coup de couteau, à
» la suite d'une provocation vio-
» lente;

» 6.º Qu'il n'a pas agi *pour sa*
» *propre défense;*

» 7.º Qu'il a agi *dans des inten-*
» *tions criminelles.*

» Le tribunal statuant sur la ré-
» quisition du commissaire du gou-
» vernement,

» Condamne Jacques Vincent à
» la peine de dix années de gêne,
» conformément à l'article neuf du
» titre deux de la deuxième partie

» du code pénal, dont lecture a

» été faite.

» Ordonne en outre, conformé-
» ment à l'article vingt-huit du titre
» premier dudit code dont lecture
» a été faite, que ledit Jacques Vin-
» cent, avant de subir sa peine,
» sera préalablement conduit sur
» la place publique des exécutions
» en cette ville, qu'il y sera atta-
» ché à un poteau placé sur un
» échafaud, et y restera exposé
» aux regards du public pendant
» quatre heures, ayant au-dessus
» de sa tête un écriteau, sur lequel
» seront inscrits, en gros caractè-
» res, ses nom, âge, profession et

» demeure, la cause de sa condam-
» nation et le présent jugement.

» Condamne en outre ledit Jac-
» ques Vincent au remboursement,
» au profit de la république, des
» frais de la procédure instruite
» contre lui, et de ceux qu'occa-
» sionnera l'exécution du présent
» jugement.

» Fait à Lyon en l'audience du
» tribunal, le vingt-neuf germinal
» an onze. »

Victime infortunée de cette ri-
goureuse sentence! Il gémit depuis
huit ans dans les fers; luttant contre un sort inexorable; résistant
aux chagrins que lui cause la perte

de sa liberté ; surmontant toutes les souffrances d'une dure captivité: il a eu le courage de supporter la vie !...

Pour mettre le comble à ses maux, la nouvelle d'un évènement déplorable est encore venue accroî-tre l'horreur de son cachot. C'est dans ce lieu de douleur qu'il a appris la mort de son père , que la honte de son fils a conduit au tombeau. Quel coup terrible pour un bon fils! Il s'accuse d'être l'auteur de la perte de son père, le seul soutien , le seul ami qu'il eût encore au monde!... Il se croit abandonné de tout l'Univers ; car il pense qu'il

doit répugner à toute ame bienfai-
sante de le soulager dans sa détresse, puisque l'opinion du plus
grand nombre, d'après sa condamnation, le désigne comme un scé-
lérat exécrable, qui doit expier ses
fautes sans inspirer de la pitié.

Il ne comptait plus sur l'attachement de personne. Depuis huit
années, disait-il un jour, renfermé
dans ce sombre cachot, je n'ai aucune espérance, même en sortant,
de trouver un terme à mes maux.
Ce jour est l'anniversaire de celui
de ma condamnation; selon mon
habitude, je vais marquer cette
époque fatale, en plaçant pour la

huitième fois, une carte au mur de mon cachot. Hélas ! je cherche à fixer devant mes yeux le moment de ma délivrance ; mais quand il arrivera , je ne serai pas plus heureux.

Il exprimait ainsi les agitations de son ame, quand il entendit le geolier, qui faisait sa visite, ouvrir les portes de son cachot. Ce surveillant brusque, mais d'un cœur franc et généreux, s'approche de lui, une bouteille à la main, et lui dit : Ce jour est l'anniversaire de la huitième année de ta réclusion ; je viens pour boire à ta santé, en attendant que nous puissions boire à l'heureux jour de ta sortie. — Je suis sensible, lui dit Vincent, à vos attentions ; il n'y a que vous à qui j'inspire de la compassion. — Tu te trompes ; aujourd'hui même une jolie villageoise, dans toute la fraîcheur du bel âge, est venue, les larmes aux yeux, à la porte de la prison, pour demander de tes nouvelles. J'ai répondu à ses questions ; et je lui ai dit, que tu te portais aussi bien que pouvait le désirer un prisonnier à la gêne. Il est donc bien criminel ! s'est-elle écriée, moi qui me flattais, en le cherchant par-tout depuis si long-temps, de le trouver non pas sans reproche, mais innocent du crime qu'on lui impute. Puisqu'il est condamné , sans doute il est coupable. — Ciel! s'écrie Vincent, en l'interrompant, c'est Louise!... Il n'y a qu'elle qui puisse encore s'intéresser à moi. Qui lui a découvert le lieu de ma détention, malgré toutes les précautions que j'ai prises pour lui laisser ignorer mes malheurs? Hélas! faut-il que les circonstances, qui ont aggravé ma faute aux yeux de mes juges, l'aient portée aussi à croire que j'aie mérité le châtiment qu'on m'a imposé. Elle venait me voir, ne me croyant pas si ignominieusement condamné. Je frémis...

De quel œil me verra-t-elle à présent ? Mon jugement porte que j'ai agi *avec des intentions criminelles* , et non *pour une défense légitime* (1) ; c'est dire que je suis un assassin..... A ces mots, ne reculera-t-elle pas d'épouvante ? L'ami à qui elle devait consacrer son existence, et qu'elle devait rendre heureux , n'est plus qu'un

---

(1) Ce qui donna lieu à ce soupçon d'intention criminelle, c'est que Crepe fut atteint du coup mortel au-dessous de la mamelle gauche ; et dans l'instruction du procès, on observa qu'en se battant en duel, il ne pouvait l'être que du côté droit, sans réfléchir que bien de gens se battent des deux mains ; que Crepe était gaucher, et qu'il est venu chercher la mort sur le fer de Vincent qui se tenait sur la défensive.

vil meurtrier que la société re-
pousse, et que la nature désavoue.
N'aura-t-elle pas à rougir d'avoir
été assez faible pour avouer l'impression de ses premiers sentimens.
Tout est détruit pour moi!... Le
bonheur ne peut plus renaître dans
mon cœur; mon seul espoir est la
mort.

Laisse-moi achever, reprit alors
le geolier; tu n'as pas sans doute oublié que j'ai été un des témoins qui
ont paru dans ton affaire, puisque
j'étais, lors de l'évènement, guiche-
tier des prisons des Récluses. J'ai
dans le temps rendu justice à la
loyauté de votre combat. Il est

malheureux qu'on n'ait pas voulu me croire : j'avais pourtant dit la vérité. Va, si tu étais un assassin, je ne m'entretiendrais pas avec toi sur ce ton familier ; mais tu mérites cet honneur, c'est fini par-là. Apprends donc, que lorsque je lui ai tout raconté, et que je lui ai dit que j'avais tout vu, tout entendu ; alors transportée de joie, en apprenant que tu n'étais pas aussi criminel qu'elle l'avait redouté, elle s'est écriée : vous me rendez la vie et le bonheur ! Mais, après quelques instans, se rappelant qu'elle était, quoique innocente, la première cause et de tes malheurs et de la

mort d'un homme qui l'avait aimée;
la tristesse a succédé aux transports de sa joie, et ses beaux yeux
ont été inondés d'un torrent de
larmes. — Ah! dit Vincent, qu'elle
cesse de pleurer mes malheurs! Je
ne suis plus à plaindre, puisqu'elle
ne m'a pas oublié entièrement. Je
supporterai maintenant avec résignation ma captivité. Vous m'ap-
portez une bien douce consolation!
Croyez que j'en conserverai un éter-
nel souvenir, et que je n'oublierai
jamais aussi les égards que vous
avez eus pour moi. — Je fais mon
devoir. Si je suis sévère envers
les scélérats de profession que

journellement on nous amène, mon cœur aime à se montrer compatissant envers les prisonniers que de malheureuses circonstances ont seules rendus coupables. Tendant ensuite la main à Vincent, il lui dit, avec amitié : adieu, prends courage ; encore deux printemps, et tu seras délivré de mes honnêtetés.

Cette entrevue dissipa les ennuis et les chagrins qui depuis long-temps altéraient la santé de Vincent. Une lueur d'espoir suffit au malheureux, pour lui rendre plus supportable son état de détresse. Dès-lors il ne fut plus un captif taciturne ; la gaieté vint habiter sa

sombre demeure, qu'il faisait re-
tentir, tantôt des chants guerriers
qu'il avait appris dans les camps,
tantôt des refrains ingénus qui,
dans son village, charmaient son
âge le plus tendre. Tous ceux dont
ses accens venaient frapper les
oreilles , n'auraient jamais cru
qu'ils partissent de la bouche d'un
prisonnier enfermé depuis longues
années dans un lugubre cachot.

Pour rompre la monotonie de
son existence, et rendre moins af-
freux le vide de la solitude, il cher-
cha un remède aux ennuis acca-
blans de l'oisiveté, dans une occu-
pation quelconque , qui pût en

(6o)

même temps lui procurer quelques
douceurs. Mais que faire?.... Il
porte ses regards sur tous les objets
qui l'environnent : que voit-il? une
chaise délabrée, une table chance-
lante sur ses pieds demi-pourris ,
un faisceau de paille destinée à reposer ses membres abattus. Il ré-
fléchit.... Ces moyens faibles, en
apparence, devinrent pour lui une
ressource féconde. Il sait qu'avec
la paille on forme depuis long-
temps mille petits ouvrages qui
savent plaire , et dont beaucoup
d'ouvriers tirent leurs moyens d'e-
xistence ; mais la dextérité lui
manque , il cherche à l'acquérir

par un travail pénible ; et c'est
avec raison qu'on dit, que la né-
cessité est la mère de l'industrie.
Il tresse d'abord avec constance
des liens grossiers qu'il destine à
se former un lit plus commode.
Après bien des épreuves, il réussit.
Ce succès l'encourage. Il essaie
de former une corbeille ; vingt fois
de dépit il quitte son ouvrage : une
paille, nullement préparée et souvent hâchée avant de parvenir aux
malheureux à qui on la destine ,
ne pouvait point se plier aisément
à ce genre de travail ; mais enfin
sa persévérance triomphe de toutes
les difficultés, et sous sa main la

paille prend bientôt la forme que l'art lui donne dans nos ateliers de goût. Il la tressait tantôt en corbeille, tantôt en petits paniers de jeu, qu'il envoyait quelquefois à d'aimables joueuses, qui se faisaient un plaisir de faire une partie à son bénéfice, et qui lui faisaient parvenir ces légers secours par l'intermédiaire du digne ecclésiastique qui remplit, avec autant de zèle que d'humanité, les fonctions d'aumônier des prisons de Roanne (1).

Ses premiers essais, dans ce genre de travail, furent envoyés, comme

____

(1) M. Perrin.

un témoignage de son souvenir, d'abord à ceux qui s'étaient intéressés à lui dans sa malheureuse affaire; parmi ceux-ci, à l'avocat qui l'avait défendu, au magistrat humain et respectable qui, pour alléger les souffrances d'une longue détention, l'a fait retirer d'un humide cachot et placer dans un lieu plus sain (1). Après tous les envois, tribut de la reconnaissance, on doit penser que l'amie de son cœur ne fut pas oubliée, et que pour Louise il ne perfectionna pas avec moins de zèle son ouvrage.

____

(1) Monsieur le Baron de la Tour.

Par le travail et la méditation, il sait à présent tromper l'ennui des heures qui s'écoulent si lentement pour les infortunés. La Providence le soutient et l'affermit dans sa résignation, et en mettant en elle tout son espoir, il vit moins malheureux.

FIN.